GRANDES VILLES ET SYSTÈMES DE PARCS

1906

J. C. N. FORESTIER

INSPECTEUR DES EAUX ET FORÊTS

CONSERVATEUR DES PROMENADES DE PARIS

GRANDES VILLES ET SYSTÈMES DE PARCS

HACHETTE ET CIE, 79, Boulevard Saint-Germain, PARIS

ORIGINES DE L'IDÉE DES « SYSTÈMES DE PARCS »

Des différentes parties du monde, un enseignement nouveau nous est apporté, dont les villes jeunes, dont les villes en formation, comme les vieilles cités, peuvent tirer profit. Londres et Paris se sont les premières occupées de leur desserrement et de leur embellissement, chacune dans un esprit un peu différent. Londres a cherché le plus d'espace possible. Paris s'est attaché à l'esthétique et à l'élégance.

Toutes deux ont eu l'avantage de trouver, chez elles et autour d'elles, des réserves royales qui leur ont permis de réaliser de vastes et heureux programmes, qu'il est nécessaire de compléter aujourd'hui. Elles ont jeté les premières graines : la semence répandue dans le monde a été merveilleusement féconde et le fruit perfectionné, amélioré, nous surprend à notre tour.

Endormis après l'effort admirable d'Haussmann et d'Alphand, qui nous faisait croire à la réalisation de la cité parfaite, nous nous apercevons aujourd'hui, que Paris a eu tort de s'arrêter en si beau chemin et de ne pas poursuivre plus avant son système d'embellissement, d'aération, de ne pas prévoir que son développement continuel exigeait un développement parallèle de ses espaces libres, de ses parcs et de ses promenades.

L'erreur est venue en partie de ce que l'on s'est arrêté à ne considérer que ce Paris arbitrairement déterminé par des limites artificielles, les fortifications. L'histoire de Paris, pourtant, comme celle de bien d'autres villes, démontre combien comptent peu ces barrières temporaires ; le flot montant de la population a tôt fait de déborder des limites qui lui sont assignées. Aujourd'hui il est donc manifeste que la plupart des communes attachées étroitement à la grande ville, font partie d'une même et indissoluble agglomération. Qu'elles soient et restent ou non distinctes administrativement, cela n'empêche qu'elles forment avec Paris un entassement unique d'habitations humaines toutes solidaires, profitant des mêmes avantages et sujettes aux mêmes inconvénients, participant aux mêmes conditions d'hygiène et de salubrité générale, aux mêmes dangers de contagion morale et physique. En un mot, le développement actuel de Paris, c'est le développement de sa banlieue, le développement de l'agglomération parisienne, de cet énorme groupement large de plus de 25 kilomètres.

En outre, le cœur de cette énorme ville, ce que nous appelons aujourd'hui proprement Paris, se congestionne de plus en plus. Chaque jour de nouveaux habitants affluent au centre, à mesure que la banlieue se développe, et il faut s'effrayer de voir s'accroître ainsi chaque année de 30 à 40.000 habitants la population du Paris central, alors que les terrains libres environnants sont envahis, ajoutant sans cesse de nouvelles zones malsaines à la ceinture épaisse de la ville congestionnée.

Rien n'est plus saisissant que ces quelques lignes de J.-J. Rousseau citées par M. Emile Cheysson (1). Et il faut avant de les lire se rappeler qu'au temps de Rousseau, Ménilmontant, la Villette, n'étaient que des villages de banlieue; sur leurs coteaux ensoleillés et couverts de vignes, il allait faire ses promenades du dimanche. Levallois-Perret n'existait pas et ce n'étaient à sa place que des champs cultivés avec quelques trois ou quatre fermes et ainsi tout autour de Paris.

« Les hommes, disait-il alors, ne sont point faits pour être entassés en fourmilière, mais épars sur la terre qu'ils doivent cultiver. Plus ils se rassemblent, plus ils se corrompent. Les infirmités du corps, ainsi que les vices de l'âme sont l'infaillible effet de ce concours trop nombreux. L'homme est, de tous les animaux, celui qui peut le moins vivre en troupeaux. Des hommes entassés comme des moutons périraient en peu de temps. L'haleine de l'homme est mortelle à ses semblables. Cela n'est pas moins vrai au propre qu'au figuré. Les villes sont le gouffre de l'espèce humaine... »

(1) *Les Cités Jardins*, par M. Emile Cheysson, H. Jouve, éditeur, Préface à l'étude sur *La Cité Jardin*, par M. G. Benoit-Lévy.

Le remède serait de fuir les grandes villes et de retourner à la campagne. Peut-être y viendra-t-on quelque jour, mais aujourd'hui l'organisation sociale exige ces groupements énormes. A leurs dangers, à leurs inconvénients il est possible d'apporter des palliatifs, sinon un remède, et les municipalités peuvent tenter d'éviter, en partie, des conséquences qui sont vraiment redoutables, encore faut-il le faire avec méthode.

Jusqu'au milieu du siècle dernier, l'idée de créer et de maintenir dans les villes des espaces verdoyants ne s'est pas manifestée. Il est vrai que de grandes propriétés royales ou seigneuriales conservaient des parcs facilement ouverts aux habitants. En outre les villes, en raison même des difficultés de circulation n'étaient pas encore ce qu'elles sont devenues aujourd'hui.

Dès 1850, l'opinion publique à Londres comme à Paris commençait à se préoccuper du besoin de ces promenades urbaines. Ces préoccupations se reflètent dans un curieux ouvrage publié en 1849 (1) où l'auteur, Hippolyte Meynadier, réclame pour Paris des jardins et des « stades verts » qui seraient dans la Ville de distance en distance comme des oasis verdoyantes où « il y aurait des bancs et, dans le trajet de ses « longues courses, le piéton fatigué qui les rencontrerait y ferait sa « station. »

Napoléon III qui avait puisé en Angleterre le goût des jardins et de la combinaison de la verdure avec les maisons, inspira Haussmann et Alphand qui, élargissant magnifiquement ses idées, créaient les beaux et élégants quartiers de l'ouest de Paris et amélioraient considérablement le reste de la vieille ville.

Malheureusement le programme était prévu pour être réalisé en peu d'années et il était incomplet. L'exemple pourtant a été fécond, et l'idée progressant dans le monde a révélé ailleurs les oublis et les imperfections de ce grandiose programme qui fut malgré tout admirable.

Avant d'aborder l'examen, qui sera sommaire, de ce qui a été fait

(1) *Paris sous le point de vue pittoresque et monumental*, ou *Éléments d'un plan général d'ensemble de ses travaux d'art et d'utilité publique* (Paris 1849).

dans la plupart des grandes villes ces dernières années, villes anciennes ou récentes, d'Europe ou d'Amérique, il est intéressant de voir dans des réalisations synthétiques, ce que l'on a appelé les Cités-Jardins, comme un schéma de la ville idéale, telle qu'elle a pu être conçue en deux parties du monde très éloignées, Adélaïde-City en Australie et Garden-City en Angleterre.

ADÉLAÏDE-CITY

Dans un espace déterminé affecté à la première phase du développement de la Cité, on arrête l'emplacement des futures constructions ou quartiers d'habitation au centre. Ce quartier est parsemé de petits jardins servant soit d'ornement, soit de terrains de jeux, de récréations, de jardins d'enfants ou de lieux de repos. Tout autour s'étendent les grands espaces libres, les champs de courses, les terrains de culture, les jardins botaniques, les écoles d'horticulture ou d'agriculture, les cimetières et en un mot tous les établissements publics qui ont besoin d'arbres, de plantes, de fleurs, de culture.

Ainsi la ville est toujours assurée d'avoir une large ceinture d'air et de verdure. Chaque habitant trouve à proximité de sa demeure un petit jardin, terrain de jeux pour ses enfants, ou l'avenue-promenade qui le conduira, par une voie ombragée et fleurie, hors des quartiers construits, dans la vaste zone verdoyante.

Lorsque la ville continue à se développer à côté de ce premier groupe ou de cette première cité complète, on juxtapose une nouvelle cité. Elles sont isolées l'une de l'autre et de celles qui par la suite pourront continuer l'accroissement de la ville, par leur ceinture propre de réserves et de grands parcs. La grande ville totale se compose ainsi d'une série de cités entourées chacune de sa ceinture de promenades et de verdure, et de ses terrains de jeux, d'exercices en plein air. Les communications entre elles s'établissent à l'aide de larges avenues bordées d'arbres, de jardins, les avenues-promenades.

Adélaïde-City est paraît-il très agréable et très recherchée, et son développement est extraordinairement rapide. (Voir page 9 et page 20.)

GARDEN-CITY

La Garden-City d'Angleterre est un autre exemple intéressant.

CITY of ADELAIDE

AND

PARK LANDS

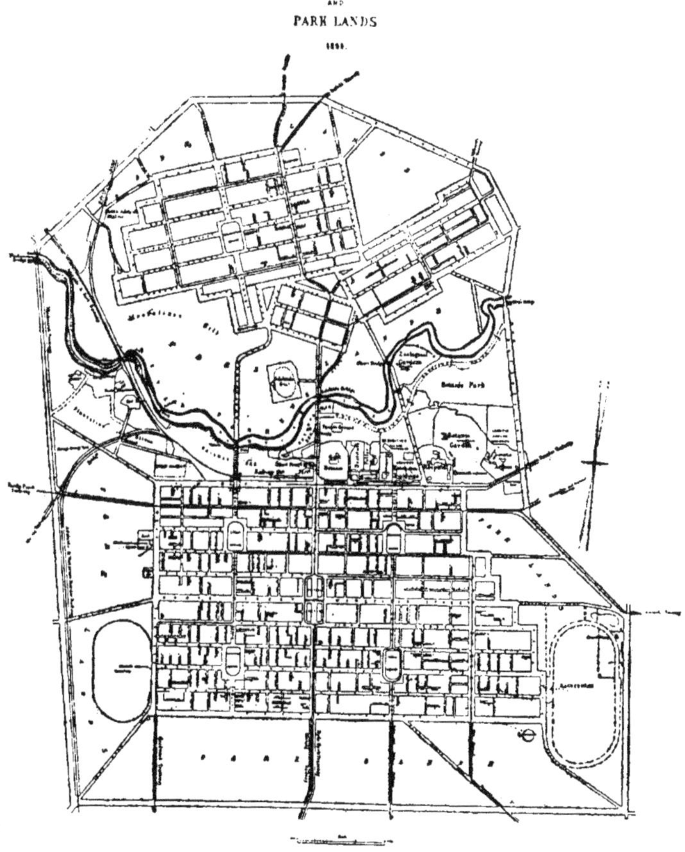

Cette ville théorique, qui a commencé d'être édifiée de toutes pièces par une Société anglaise, à 35 milles de Londres sur le Great Northern Railway, se trouve située entre Hitchin et Baldock.

La préoccupation principale a été de mélanger le plus possible aux voies de communication des jardins publics, et de jeter un peu partout dans la ville la note reposante des plantes.

Les prescriptions relatives aux constructions sont rigoureuses. En un certain rayon autour de la ville il est interdit de bâtir, dans l'intérieur même de la ville on impose une limitation de la surface à construire sur un terrain donné.

Garden City n'a que deux ans d'existence, elle sort de terre. Adélaïde-City en Australie se compose déjà de 2 cités construites presque complètement.

A côté de ces villes nouvelles, les exemples des villes anciennes étaient d'autant plus instructifs. Vienne a sa « Ringstrasse » dont l'affectation en ceinture de parcs, de places publiques, de monuments fut autrefois la cause d'un conflit entre la Ville et le Royaume. La ville put alors sauver les terrains de ces anciennes fortifications. Combien en aurait-il coûté à la municipalité actuelle pour exécuter ce plan qu'on estime aujourd'hui indispensable à la beauté de Vienne ?

Dans l'ensemble des villes américaines à développement rapide, grâce à la sagesse audacieuse de L'Enfant, Washington conserve la première place. L'Enfant a su en établissant le plan de la Ville réserver de tous côtés des terrains libres pour des places et des jardins publics.

A la fin du XVIIIe siècle, Londres avait 800.000 habitants et Paris 600.000. C'étaient les capitales des plus puissants pays. L'Enfant se basa sur la densité de population de Paris couvert de jardins privés et fit son plan pour 800.000 habitants. C'était un projet bien audacieux puisque les États-Unis ne comptaient en tout que 4.600.000 habitants. Et pourtant, après un siècle, ce projet paraît insuffisant.

Mais si l'on compare à ces villes celles où rien n'a été prévu ni organisé, alors apparaissent les imperfections ou plutôt les vices fondamentaux de leurs amoncellements de constructions, de leur développement désordonné où des spéculateurs concurrents se disputent âprement le terrain.

La plupart des municipalités des grandes villes d'Amérique et d'Eu-

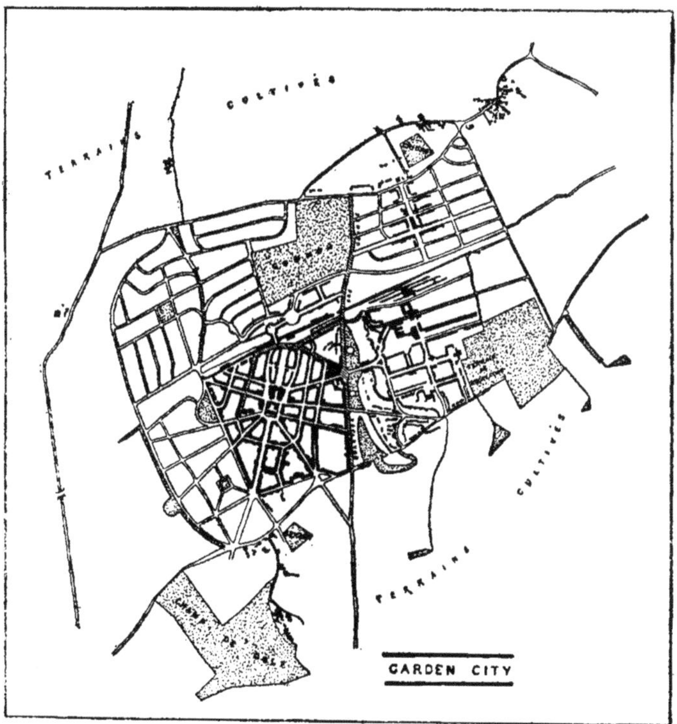

rope ont aperçu ainsi le danger qu'il y avait à laisser dilapider les espaces encore libres, à laisser défigurer les aspects encore intéressants ou pittoresques de la ville et aussi de ses environs, à laisser fermer par

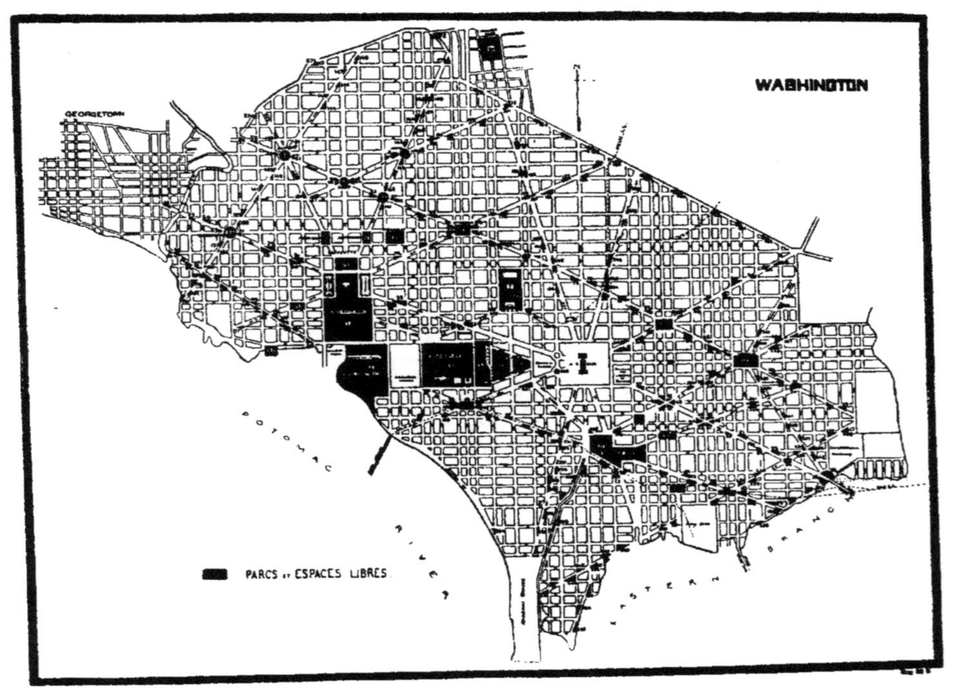
WASHINGTON
GEORGETOWN
POTOMAC
RIVER
EASTERN BRANCH
PARCS ET ESPACES LIBRES

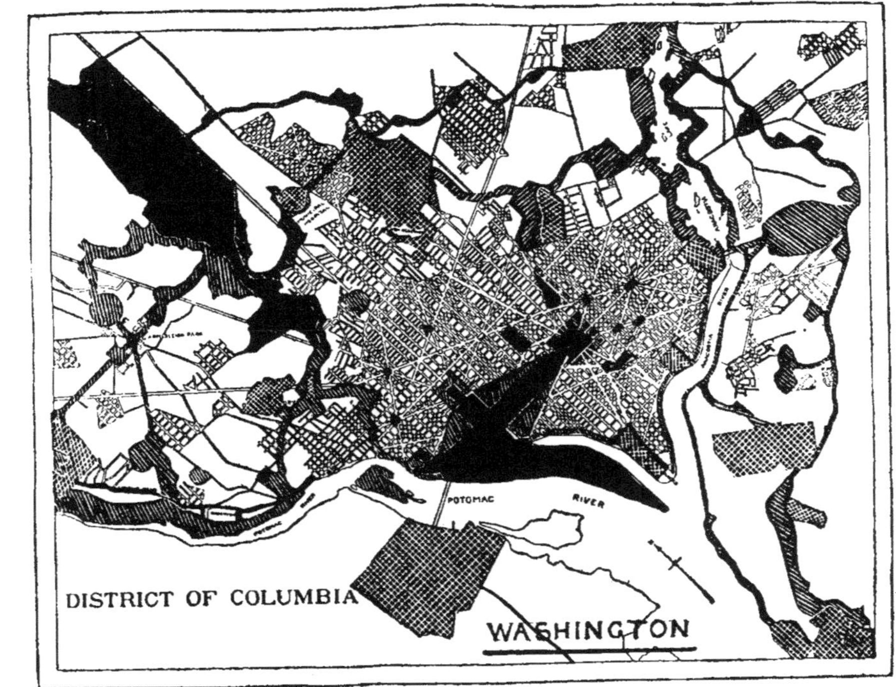

Washington actuellement avec le système de Parcs en cours de réalisation se composant des grands et petits Parcs urbains et suburbains reliés par des avenues-promenades

Noirs pleins : Parcs existants ; Hachures : Parties projetées.

la banlieue toutes les issues vers la campagne. Elles ont compris quels éléments d'hygiène et de beauté une ville en voie de développement peut trouver au cours d'un siècle dans des dégagements, des réserves nombreuses et judicieusement distribuées.

Elles ont compris que le « plan de ville » est insuffisant s'il n'est complété par un programme d'ensemble et un plan spécial des espaces libres intérieurs et extérieurs pour le présent et l'avenir, — par un *système de parcs.*

Mais une première et grosse difficulté s'est élevée, — le chiffre considérable des dépenses — d'abord pour l'acquisition des terrains — ensuite pour l'entretien.

Il fut facile de se convaincre que des dépenses ayant pour but de telles améliorations des conditions de vie de la masse des habitants seraient vite recupérées par l'accroissement de la moralité, de la santé, par l'augmentation même de la valeur des terrains et des taxes perçues et finiraient, en somme, par constituer un bon placement d'argent.

Au surplus, les égoûts, les canalisations ne sont pas réclamés comme un placement financier, mais bien parce qu'ils s'imposent à notre confort et à notre hygiène. Les écoles et les bibliothèques publiques, ne sont pas édifiées et entretenues pour assurer des profits au trésor public, mais bien pour le progrès, l'éducation des esprits, l'augmentation des jouissances supérieures et la satisfaction de nos besoins artistiques. Les parcs, les jardins et les terrains de récréation sont de même nécessaires, non pas tant parce qu'ils ajoutent à la valeur des terrains de la ville, ce qui est pourtant une de leurs conséquences, — que parce qu'ils doivent nous apporter la lumière, l'air et la vue de coins de verdure, réconfortante, rafraichissante, au milieu des fatigues et des soucis quotidiens de la vie des grandes villes, — aussi parce qu'ils permettent aux enfants, aux jeunes gens, à tous les habitants, de vivre quelques heures chaque jour en plein air, ce qui est indispensable, — surtout à mesure que la ville s'accroît et que la campagne en est plus éloignée.

Le *Boston Herald* (19 septembre 1904) fait à ce propos un calcul bien curieux et bien américain. Les terrains de jeux, dit-il sauvent les enfants des mauvaises influences et des associations criminelles. La valeur capitalisée d'un jeune homme intelligent bien bâti et industrieux, pour lui-même et pour la communauté, est au moins en moyenne de 50.000 francs. Un millier d'enfants ainsi sauvés, représente par conséquent 50.000.000 de francs de capacités productives. Si nous considérons en outre les frais, les pertes, la destruction représentés par chaque individu entraîné au vice et au crime, nous pouvons nous faire une idée des bénéfices économiques de l'installation de ces terrains de jeux dans l'ensemble des améliorations sociales.

Un exemple souvent invoqué par les ligues américaines, est celui de Leamington, qui après avoir été une ville d'eaux fréquentée, puis abandonnée par la mode, après avoir passé par un moment de découragement, se reprit à vouloir se constituer en ville de séjour agréable. Elle réalisa un programme complet d'améliorations à l'aide de promenades, d'avenues, de parcs, vit tout d'un coup sa prospérité revenir, les terrains augmenter de valeur, et après avoir pris la résolution d'être une ville pittoresque et artistique, constatait en cinq années la construction de plus de 700 maisons nouvelles. C'est ainsi que l'on ramena la prospérité dans la ville.

Depuis longtemps les villes allemandes ont compris l'intérêt qu'il y a à acheter les terrains qui les avoisinent pour former un fonds municipal, et permettre ensuite, sans entassement, leur propre développement. Ce mouvement continue très activement, et toutes les municipalités sont instamment invitées par le Gouvernement même, notamment par le Gouvernement prussien, à accroître leur domaine, et surtout à ne pas s'en défaire.

Ainsi les villes allemandes se partagent un total de 441.000 hectares environ, en pâturages et cultures, et 1.341.000 hectares de bois et de forêts. Certaines villes, comme Baden par exemple, tirent même dès aujourd'hui de leurs propriétés assez de bénéfices pour réduire de façon importante les impôts de ses habitants.

On retrouve cette même situation dans quelques communes françaises au milieu de centres forestiers, mais il ne s'agit jamais que de villages ou de toutes petites villes qui se sont trouvées seulement par le hasard de circonstances heureuses, en possession de belles et riches forêts sans avoir jamais été guidées par les préoccupations dont nous parlons ici.

CE QU'ON ENTEND PAR SYSTÈMES DE PARCS

OUR satisfaire à ces besoins des grandes villes modernes l'œuvre spéciale d'amélioration et de prévoyance dont nous nous occupons est complexe. Elle exige un certain ordre, une méthode, une idée directrice, afin d'atteindre le plus économiquement au résultat le plus parfait, — afin de ne pas disperser inégalement et sous l'impulsion de circonstances accidentelles des efforts et des ressources précieuses.

Il faut, comme dans toute œuvre humaine, un examen préalable, l'étude d'un programme, d'un plan, d'un projet d'ensemble clairement définis à l'avance.

Il y a non seulement à calculer quelle doit être la surface moyenne d'espaces libres à prévoir pour une population déterminée, il faut aussi se préoccuper de leur plus efficace distribution et de leur uniforme répartition.

Afin de bien faire comprendre ce qu'est pratiquement un système de parcs, il est nécessaire d'en définir et d'en classer les divers éléments qui peuvent être ainsi énumérés : *les grandes réserves et les paysages protégés ; les parcs suburbains ; les grands parcs urbains ; les petits parcs ; les jardins de quartier ; les terrains de récréation* qui pourront aussi comprendre des *jardins d'enfants ; les avenues-promenades.*

LES GRANDES RÉSERVES ET LES PAYSAGES. — Ils sont constitués suivant les conditions du pays même, leur superficie est très variable et dépend des circonstances et de la configuration des points à préserver.

Ils diffèrent des parcs proprement dits en ce qu'ils ne sont pas soumis au même traitement, au même entretien ; ils restent seulement dans leur état initial : bois, pâturages, rivières, rochers, et souvent ils pourront, par la continuation de leur exploitation naturelle, donner des revenus importants comme les bois, fôrets et pâturages des villes allemandes.

Ils font le plus souvent partie des environs éloignés. Les exemples sont nombreux : les Commons, Burnham Beeches pour Londres, Wiener Wald pour Vienne, Blue Hills Reservation pour Boston, les immenses réserves que vient de créer Chicago près du lac Michigan et autour du lac Calumet.

Certaines villes se sont surtout attachées à préserver leurs vallées et leurs bords de rivières comme Baltimore, et Providence aux Etats-Unis.

Les Parcs suburbains. — Ils ont bien le même but que les grandes réserves, mais au lieu d'être commandés par des circonstances naturelles, ils doivent être plutôt déterminés par les besoins de la ville et régulièrement répartis. Ils sont un refuge à portée des habitants où, dans les tranquilles aspects de scènes naturelles, ils viennent oublier les tracas des affaires, les bruits et le mouvement énervant de la rue. Plus de boutiques, plus de réclames, plus de chemins de fer ni de tramways ; des arbres seulement, des grandes pelouses, le moins possible de routes, de constructions ou d'ornements inutiles.

Certaines créations très spéciales comptant des cultures ou des jardins, — les parcs historiques, Saint-Cloud, Versailles, Hampton-court, — un grand muséum (Kew Garden) qu'il sera toujours préférable d'éloigner de la ville et de ses fumées, — une ferme-école, etc., auxquels nos indications ne s'appliquent pas, peuvent pourtant être considérés comme parcs suburbains.

Les grands Parcs urbains. — Il suffit de citer tous les grands parcs connus, le Prater, de Vienne, le Central Parc, de New-York, Hyde Park, Green Park, Saint-James Park, à Londres, le Parc de la Tête-d'Or, à Lyon, le Bois de Boulogne, les Parcs des Buttes-Chaumont et de Montsouris, à Paris.

Ils sont de tous les styles, ils ont tous les caractères, réguliers comme les Tuileries, le parc de Dijon, irréguliers dans l'ensemble, avec quelques parties traitées en dessins réguliers, comme Regent's Park, à Londres ou Public Garden, à Boston, comme le parc du Trocadéro, à Paris, et comme beaucoup des nouveaux parcs publics des villes allemandes.

Ils sont le lieu de promenade facile et rapproché, ils concourrent à l'embellissement de la ville autant qu'à son hygiène.

Mais ils ne doivent pas être seulement de pur ornement; il est indispensable qu'ils présentent de grandes pelouses, des ombrages pour les jours et les heures de délassements et de repos. Et les jeunes gens doivent y trouver de nombreux terrains de jeux, plus étendus que ceux des petits parcs dont nous allons parler. Leur étendue est très variable : elle peut être de 8 à 10 hectares comme le parc Monceau, 30 à 40 hectares comme le futur Champ-de-Mars, les Tuileries, ou de 80 à 100 hectares comme Battersea Park (80 hectares), à Londres; elle peut atteindre 7 à 800 hectares comme le Prater, à Vienne (698 hectares), le Bois de Boulogne (800 hectares).

Deux exemples sont intéressants à citer en raison de leur traitement très différent : Hackney-Marsh qui est le plus large espace libre placé sous le contrôle de Londres et qui s'étend à la limite Est du Comté sur 140 hectares environ, est à peu près entièrement consacré aux jeux, football en hiver et cricket ou tennis en été; — Le Volksgarten, de Cologne, qui comme Battersea Park, tout en donnant aux jeux ses plus belles et plus vastes pelouses, forme aussi un jardin d'agrément ou de promenade où l'animation même des jeux n'est pas un des moindres attraits.

Les petits Parcs, les Jardins de quartiers, ou bien sont de purs ornements de verdure, arbres, arbustes, fleurs, gazons, tels nos squares de la Trinité, de la place Malesherbes, les Embankments de Londres, les quais de Liège, espaces de déserrement et d'ornement de la ville, ou bien sont des terrains de jeux et d'exercices, football, cricket, tennis, boules, croquet, etc., comme Southwark Parck, à Londres, et les nombreux terrains de jeux (play grounds) répartis de tous côtés dans les villes américaines.

Il n'est pas inopportun d'entourer de larges parties agréablement plantées, les emplacements réservés aux jeux. Parfois un jardin public en masque le côté trop pratique comme au Soutwark Park, de Londres, au Charlesbank, de Boston et au Jackson Park, de Chicago.

Mais la préoccupation principale doit être de les distribuer largement et à la portée de chacun. Si chaque famille doit pouvoir trouver à moins de 1.000 mètres un des terrains de récréation d'enfants dont nous allons parler, les champs de jeux ne doivent pas exiger un déplacement de plus de 1.500 à 2.000 mètres.

Dans la banlieue de New-York, Staten Island qui est surtout habitée par des personnes occupées à New-York projetait dernièrement d'acquérir non seulement 1.400 hectares de parcs mais aussi plus de 80 hectares de terrains de jeux, c'est-à-dire une surface dix fois plus grande que notre parc Monceau. (Voir page 31.)

Dans un recueil de notes sur les parcs, jardins, terrains de récréation, espaces libres de Londres, M. le lieutenant-colonel Sexby, chef de service du département des parcs, dit qu'il n'y a pas de détail des parcs et espaces libres, auquel le Conseil de Londres ait donné une plus sérieuse attention que l'installation de tout ce qui peut faciliter et développer les jeux de toute sorte (1).

Après avoir étudié spécialement chaque jeu, ses terrains et le nombre de joueurs qui les fréquentent, il conclut ainsi : « Il peut être intéressant « de constater qu'il y a 377 terrains réservés au cricket et 177 au foot- « ball, pour lesquels il est délivré environ 14.000 permis de match de « cricket, et de 7 à 8.000 permis de match de football. »

« Bien entendu, dans ces matches, ne sont pas comprises les parties « d'entraînement et d'exercices. En outre, plus de 60.000 parties de tennis « sont jouées annuellement sur les emplacements affectés à ce jeu dans « les jardins publics. Parmi les autres jeux, il y a lieu de citer 600 parties « de boule, 542 de quilles, 317 de cricket et 60 de la crosse. A Hackney « Marsh il y a un plus grand nombre d'emplacements de cricket et de « football que partout ailleurs. Nous y entretenons 100 places pour chaque « jeu. Ensuite viennent Blackheath, avec 46 terrains de cricket, puis « Victoria avec 32. »

Les Terrains de récréation. — Les petits terrains de jeux et de récréation qui doivent être nombreux et multipliés surtout dans les quartiers populeux où les enfants n'ont souvent que les rues pour jouer, sont

(1) Note book on the Parks, of London. Janvier 1902.

des emplacements variant de 2 à 3.000 mètres à 1 ou 2 hectares. Une ceinture de massifs d'arbustes les isole de la rue et des alentours, quelques arbres y donnent de l'ombre. Si le terrain le permet, une partie reste en préau libre, avec au besoin quelques fleurs. L'autre partie, séparée de la première par une clôture, est pourvue d'appareils de gymnastique ou de jeux, balançoires, pas de géants, barres fixes, barres parallèles, boucles, etc., et aussi d'un tas de sable qui peut être placé dans une boîte où les enfants viennent le prendre et où ils ne peuvent le remettre afin qu'il reste toujours sans souillures. Ce terrain est lui-même divisé en deux parties qui sont attribuées, l'une aux garçons de 6 à 14 ans, l'autre aux fillettes du même âge et aux tout petits enfants. Seuls peuvent y pénétrer les enfants et les personnes (femmes) qui les gardent. Les mères peuvent ainsi, sans crainte des dangers de la rue, y laisser les enfants qui apprennent, avec un exercice sain et des jeux auxquels ils prennent vite goût, l'utilité de respecter la propriété publique dont ils usent. De petits êtres dévastateurs qu'ils étaient, ils deviennent les meilleurs soutiens du gardien qui fait respecter leurs appareils de jeux.

A Chicago, ces terrains ont reçu en 1903 environ 800.000 personnes, et en 1904 plus d'un million. Londres, depuis quelques années, fait des efforts continus pour créer de nouveaux terrains de récréation dans les quartiers populeux, à Bermondsey, Wappin... Malgré les difficultés d'acquisition des terrains, toutes les villes américaines font de même et leur exemple est suivi en Allemagne. A Paris, nous nous contentons de préaux d'écoles exigus, et non librement ouverts. On y rencontre bien rarement les appareils très simples de jeux qui procurent aux enfants tant et de si bonnes distractions. Il est vrai qu'ailleurs, et surtout dans les villes anglaises, de généreux donateurs poussés par le désir de faire une œuvre utile et d'attacher à leur mémoire la reconnaissance de leurs concitoyens, donnent pour établir de nouvelles places de récréation le terrain nécessaire qui est à un prix souvent fort élevé. Mais leur nom n'est pas oublié, et s'inscrit à la place d'honneur sur une plaque de marbre, car il est bon de conserver le souvenir de ces actes de bienfaisance intelligente et de collaboration désintéressée à l'amélioration du bien-être social et il est bon aussi de les faire connaître afin que ces exemples soient imités (1).

(1) A Cleveland, sur environ 620 hectares de Parcs que possède la ville, 275 hectares ont été donnés.

Adelaïde-City

Newington recreation ground à Londres
En haut, l'entrée: d'un côté, à droite, pour les garçons (Boys Only); de l'autre pour les fillettes (Girls and women only); on voit à gauche une surveillante femme.
Newington ground est de création récente.

La photographie que nous reproduisons, est une vue du terrain de Newington, récemment établi à Londres dans Bermondsey.

Il ne faut pas omettre de rappeler l'exemple souvent cité en Amérique de Louisville qui a dirigé presque tous ses efforts vers la création de terrains de jeux d'enfants sous l'impulsion d'une association privée « Louisville recreation League ».

JARDINS D'ENFANTS. — Nous pouvons parler accessoirement de l'installation nouvelle de certains jardins, très en faveur en Autriche, en Allemagne et en Amérique, les jardins d'enfants.

Nous avons compris en France l'intérêt de ces jardins, mais seulement pour les quelques écoles de petites villes et de villages où les enfants destinés à la campagne doivent connaître les éléments de l'horticulture et de l'agriculture.

Mais la connaissance des plantes et des fleurs, de la fécondité de la terre, des mystères de la vie des champs, des jardins et des forêts est encore plus utile, sinon nécessaire aux petits enfants des villes.

Cultiver chez l'enfant le discernement critique de la beauté et de l'excellence des choses parmi les œuvres humaines et les œuvres de la nature constitue un des éléments les plus importants de l'éducation, et rien pour la direction de l'esprit dans ce sens, pour la formation du jugement, ne vaut l'efficace étude de la nature vivante. Il aura été réservé à notre époque de comprendre que le jardin est un moyen d'enseignement autrement plus sain, plus pénétrant, plus fécond et plus puissant que le tableau noir et les cahiers d'autrefois.

Mais alors qu'en Autriche, en Allemagne, les Schulgarten, en Amérique et en Angleterre, les Boy's gardens et les Children's gardens paraissent être des nécessités dans les grandes villes, nous les ignorons encore ; nous semblons croire que les jardins ne peuvent être utiles qu'aux enfants des campagnes, et nous croyons qu'il suffit pour ceux des grandes villes, de la salle d'études, et, de temps en temps, de la petite cour de récréation.

Il me souvient d'avoir entendu dire que certains enfants des quartiers excentriques de Paris, ignoraient à tel point la campagne, qu'ils ne connaissaient que de nom les vaches, les champs de blé, les prairies et les vergers. Que pouvaient-ils savoir, les pauvres petits, des richesses contenues dans le fruit de l'arbre et dans le grain de blé ?

Les Avenues-Promenades. — Les avenues-promenades, les « Parkways » des Américains, les « Promenades » en Autriche, les « Ring » de Cologne, les Anlage de Francfort, ne sont pas les parties les moins essentielles du programme.

Elles sont destinées à servir tout à la fois de voies de communication dans la ville, d'accès agréable et commode à ses parcs, à ses grandes réserves, à sa campagne, de liaisons aussi à tout l'ensemble. Elles assureront pour l'avenir, parfois même pour le moment même, un système suffisant et complet de sorties commodes, larges et belles, de la ville.

La Parkway, l'Avenue-Promenade, n'est pas à proprement parler un boulevard. En Amérique pourtant il arrive que les deux mots sont quelquefois pris l'un pour l'autre.

Il paraît plus simple de laisser à boulevard la signification parisienne moderne de large chaussée, avec amples trottoirs ou contre-allées plantés d'arbres régulièrement disposés, et d'appeler avenues ou avenues-promenades toutes ces avenues dont les détails des projets peuvent varier mais où la chaussée et les contre-allées sont accompagnées de bandes plantées, gazonnées et plus ou moins parées.

La zône verte ornementale peut être au milieu, avec deux larges chaussées et des contre-allées latérales plantées d'arbres comme sur le Drexel Boulevard, à Chicago, comme sur notre trop courte avenue de Breteuil. Au contraire, à l'Eastern Parkway et à l'Ocean Parkway de Brooklyn, à l'avenue du Bois, à Paris, le milieu est occupé par une large chaussée. Les voies de service pour les maisons riveraines sont plus étroites et disposées de part et d'autre, séparées, chacune, de la chaussée centrale par une zône de jardins et une double rangée d'arbres.

Ces avenues-promenades sont un élément important d'un programme ou d'un système de parcs complet. Elles sont des voies d'accès et de communication agréables. Elles permettent de ne jamais interrompre sa promenade. Elles peuvent contribuer à mettre en valeur les points de vue, les bords de rivière, les paysages intéressants ou pittoresques.

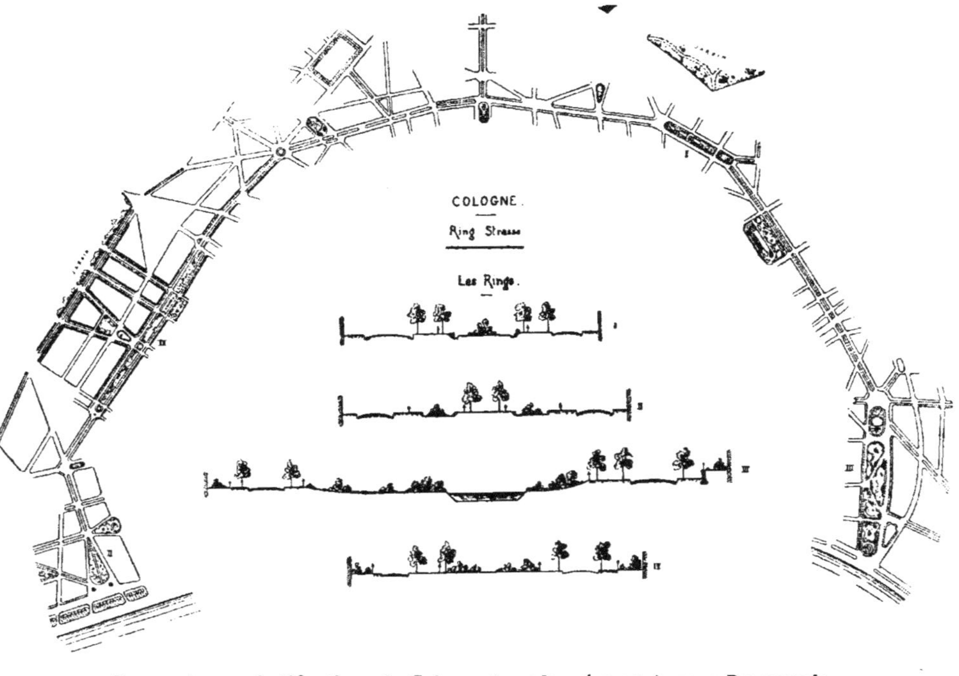

Les anciennes fortifications de Cologne transformées en Avenue-Promenade

Faut-il citer à cet égard les insuffisances de Paris ? Combien avons-nous de belles sorties de la ville ? Où trouver un accès commode au parc de Saint-Cloud, aux forêts de Meudon, de Saint-Germain, à celle de Montmorency ? Comment se rendre à ce joli petit bois de La Celle-Saint-Cloud et à l'étang de Saint-Cucufa ? Sauf sur les 5 ou 6 kilomètres de la rive droite de la Seine, du pont de Saint-Cloud au pont de Neuilly, a-t-on essayé de sauver et d'utiliser quelques belles parties des bords de la Marne et de la Seine ? — Il est vrai que Paris peut s'enorgueillir de cette admirable et triomphante suite des Tuileries, des Champs-Elysées et de l'avenue du Bois

On a souvent parlé d'un projet d'avenue qui constituerait une sortie sur la campagne et relierait Paris à la forêt de Saint-Germain en partant de l'avenue de la Grande-Armée pour aboutir à La Croix-de-Noailles.

A Bruxelles, l'avenue Louise, le boulevard Waterloo et le boulevard du Régent relient ensemble le bois de La Cambre et le Royal Parc.

La Johann Georgen Allée s'étend du centre des affaires, à Dresde, au Grosse Garten, et de même Andrassy-Strasse, à Budapest.

La suite de Ubier Ring, Karolinger Ring, Sachsen Ring, Kaiser Wilhelm Ring, Hansa Ring remplace les anciennes fortifications de Cologne avec une série de parcs, de pelouses et de jardins, et fait le tour complet du Rhin au Rhin.

Mais ces derniers exemples témoignent d'opérations isolées, résultats de circonstances ou de projets particuliers qui ne faisaient pas partie d'un ensemble ou tout au moins d'un ensemble suffisamment étendu et complet.

Les Parkways de Boston, de Chicago, de New-York, de Brooklyn et aussi les « Promenades » de Vienne (Autriche), forment au contraire les élements d'un réseau étudié.

Il est clair qu'un programme de cette nature peut ne pas être seulement le programme d'une ville. Souvent il sera commun à plusieurs villes ; parfois à toute une province, ou à plusieurs départements. Il peut même être un programme national, et, plus encore, arriver à intéresser plusieurs pays. Pourquoi s'arrêter à des limites politiques quelquefois très artificielles ? Elles doivent être indifférentes dans des œuvres de cette nature.

NOTES SUR LES PARCS DE QUELQUES GRANDES VILLES

BOSTON

La première idée d'un système de parcs fut émise à Boston en 1891. Ce qui fut au début considéré comme un rêve et semblait ne pouvoir être réalisé que par une suite de générations, était mis sur pied en deux ans, et exécuté en sept années.

Les traits essentiels du système métropolitain de Boston (1) sont : assurer les plus larges réserves de bois, de parcs et de commons dans le district, de jardins publics dans Boston même, ainsi que dans chaque commune et ville du district ; les organiser, les relier et en constituer un ensemble bien équilibré, bien protégé, et mis en valeur au fur et à mesure des besoins.

Ce système comprend donc les 70 petits parcs et play-grounds répartis dans Boston, les parcs et jardins particuliers à chaque municipalité du district, les réserves du district, et enfin les grandes avenues les reliant.

Il a nécessité la coopération de 39 municipalités.

Une Commission fut nommée en 1894, et lorsqu'un plan montra ce qui pouvait être réalisé aux environs de Boston, ce fut une surprise générale. Depuis, le mouvement a produit des résultats, la Commission activement a poursuivi son but qui est de donner à Boston et à sa banlieue le plus grand système de parcs et de promenades connu, et peut-être aussi le mieux compris du monde entier.

La Commission voulut d'abord réunir les 1.000 hectares d'espaces libres de Boston et les promenades éparpillées dans les différentes corporations aux différentes communes du district, par des parkways ou

(1) Boston est une ville de 500.000 habitants environ.

avenues-promenades, puis d'ajouter à ce premier fond le plus important, de très larges réserves en dehors de la zone des agglomérations.

Le 1er décembre 1903, la Commission avait dépensé 56.000.000 de

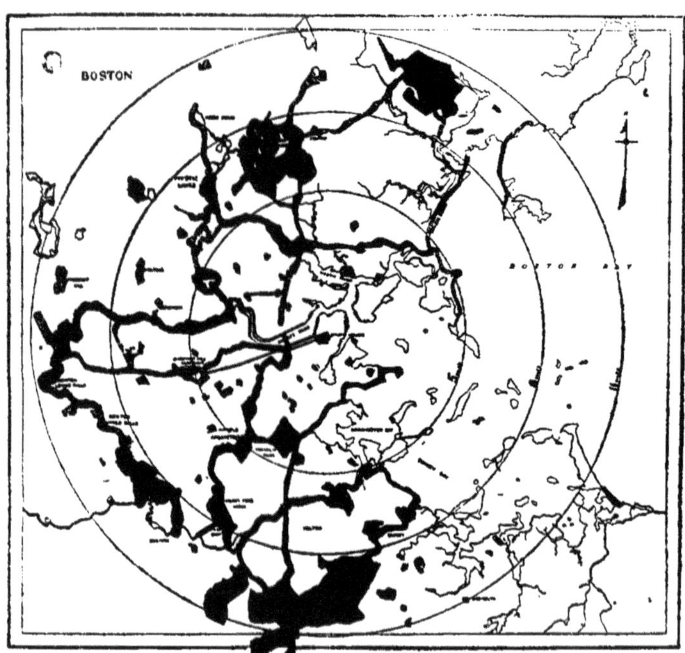

Noir plein : Système réalisé. — Hachures : Liaisons à compléter

francs, et le budget de 1903 prévoyait la continuation du projet en lui attribuant une ressource annuelle de 15.000.000 de francs.

Les résultats déjà obtenus sont les suivants. Les espaces confiés à la Commission spéciale comprennent environ 3.750 hectares. Elle a construit 25 kilomètres d'avenues-promenades (parkways) et acquis les terrains pour en faire 15 nouveaux kilomètres.

L'ensemble du domaine en espaces libres de Boston et des autres villes du district est de 6.140 hectares.

Le total des dépenses d'acquisition de terrains. d'aménagements nouveaux dans tout le district s'est élevé à 166.000.000 de francs. Cela peut donner une idée de l'importance de cette opération. La Commission s'est attachée à tirer parti et à mettre en valeur les cinq caractéristiques de cette région, les trois rivières, et deux collines : Middlesex Fels (760 hectares) Blue Hills Reservation (2.000 hectares).

Elle a prévu aussi des terrains sur le rivage de l'Océan. Chacune de ces parties est reliée l'une à l'autre suivant les principes que nous avons indiqués plus haut ; parcs, avenues-promenades (parkways). Il n'y a pourtant pas encore de liaison entre la partie du Nord et celle du Sud, bien que chaque division forme un ensemble coordonné et relié par une suite de parkways. La liaison sera probablement faite, entre ces deux grandes parties, par une parkway partant de Harvard Bridge, traversant Cambridge et Somerville, pour aboutir à Fels Way. Cette liaison qui est une des parties importantes du projet exigera la démolition de certains quartiers déjà construits.

Enfin les aménagements nouveaux des terrains déjà acquis constitueront la suite de cet effort admirable dont les conséquences ont été si heureuses que l'exemple a été aussitôt suivi dans tous les Etats-Unis, en Angleterre, en Australie, en Autriche, en Espagne.

Voici quelques lignes d'un rapport de la Commission des Parcs de Boston (rapport pour 1904) qui sont intéressantes à citer.

« Nous ne pouvons que répéter notre espoir de voir les esprits éclairés et dévoués au bien public se convaincre qu'il n'y a aucun don à la Cité qui soit plus utile et plus agréable à l'ensemble des citoyens et confère un plus durable honneur au donateur, que celui d'un terrain public de récréation (29ᵉ rapport annuel, p. 7). »

On a cherché à encourager par tous les moyens la création de playgrounds. Deux lois ont été récemment votées à ce sujet, et l'une d'elles était destinée à développer la construction d'habitations avec espaces libres que les propriétaires désirent garder en jardins ou terrains de jeux.

Sous l'approbation de la Commission des Parcs, ces terrains peuvent être loués, à un prix n'excédant pas le chiffre de la taxe foncière, pour être consacré à un emplacement de jeux. L'administration en est confiée au propriétaire sous la surveillance du service des Parcs. Cette loi donne ainsi au propriétaire philanthrope la facilité de coopérer, avec les services municipaux, à la construction de maisons modèles, et d'ouvrir et aérer les quartiers encombrés et malsains (Boston Herald, 19 septembre 1904).

Il y avait à Boston en 1904, sous le contrôle du service des Parcs, 15 play-grounds. Leur répartition est telle que chaque enfant est à moins de 800 mètres de distance de l'un d'eux et les jeunes gens à moins de 1.600 mètres des grands terrains de jeux.

Cette municipalité n'a pas oublié, malgré le développement admirable de son système de parkways, de grands parcs et de réserves extérieures, l'intérêt si grand des petits jardins, des terrains de jeux et de récréation.

NEW-YORK

A New-York, l'effort a été peut-être plus remarquable encore, en raison de l'énormité des dépenses qu'il a fallu faire pour acquérir les terrains nécessaires à la réalisation du projet. La municipalité n'a pas craint de payer certains terrains près de 1.000 francs le mètre carré (L'acquisition du terrain de Mulberry Park, qui n'a guère plus d'un hectare, a coûté près de 8.000.000 de francs et celui de Seward Park, à peu près de même étendue, près de 12.000.000 francs). Mais elle avait compris la gravité actuelle de cette question, et malgré tout, elle poursuivit vigoureusement son projet.

En 1902, New-York a consacré environ 26.000.000 de francs pour aménager de nouveaux parcs dans la vieille cité de New-York, appelée maintenant Borough of Manhattan. Il a été réalisé de considérables progrès, surtout à l'est que l'on a couvert de jeux. Le système de parcs qui a été adopté prévoit la prolongation de la fameuse avenue de Riverside (Riverside Drive) vers le nord. Elle doit atteindre un parc qui couvrirait les pentes boisées le long des bords de la rivière, jusqu'à l'extrémité nord de l'île de Manhattan. Ce parc sera relié par une série de jardins et promenades, déjà décidés, avec Central Park. Le Bronx, qui est une extension de New-York, a son système de parcs déjà en partie exécuté. Une des parkways, sur une longueur de trois kilomètres 1/2, est large d'environ 130 mètres. Une autre, large de 200 mètres, a 1 kilomètre de long. La plus large parkway existante est la Bay Ridge Parkway, de Brooklyn, dont la largeur varie de 100 à 300 mètres. Mais la parkway la plus intéressante, et qui constitue l'axe du système de Brooklyn, est l'Ocean Parkway ou boulevard de l'Océan. Large de 65 mètres et longue de 8 kilomètres, elle conduit de Prospect Park à Coney Island. Et l'on projette de conserver une promenade sur l'Océan, à Rockaway, aussi large que Central Park.

Le rapport de M. Nelson P. Lewis, chef ingénieur, déclare que les Parkways ont été appréciées et considérées comme d'un inestimable avantage.

Le prix, auquel New-York doit payer aujourd'hui son imprévoyance

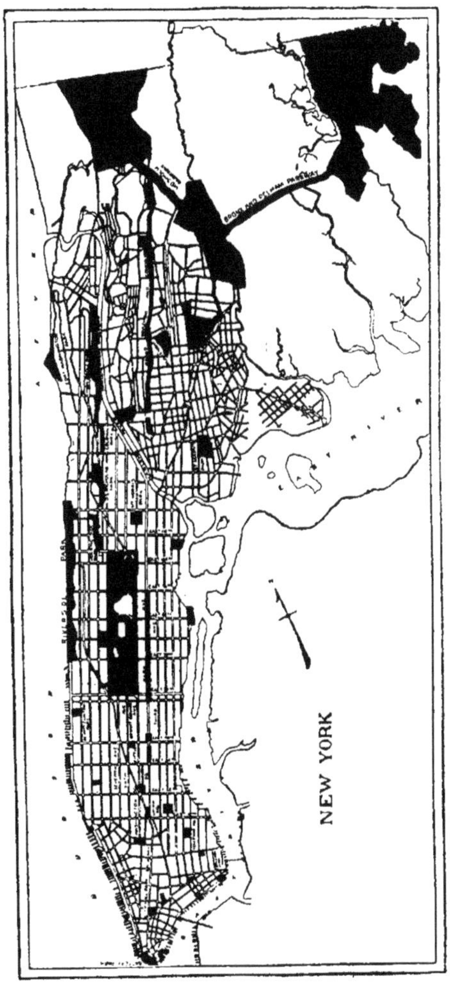

Le système en partie réalisé, à New-York même

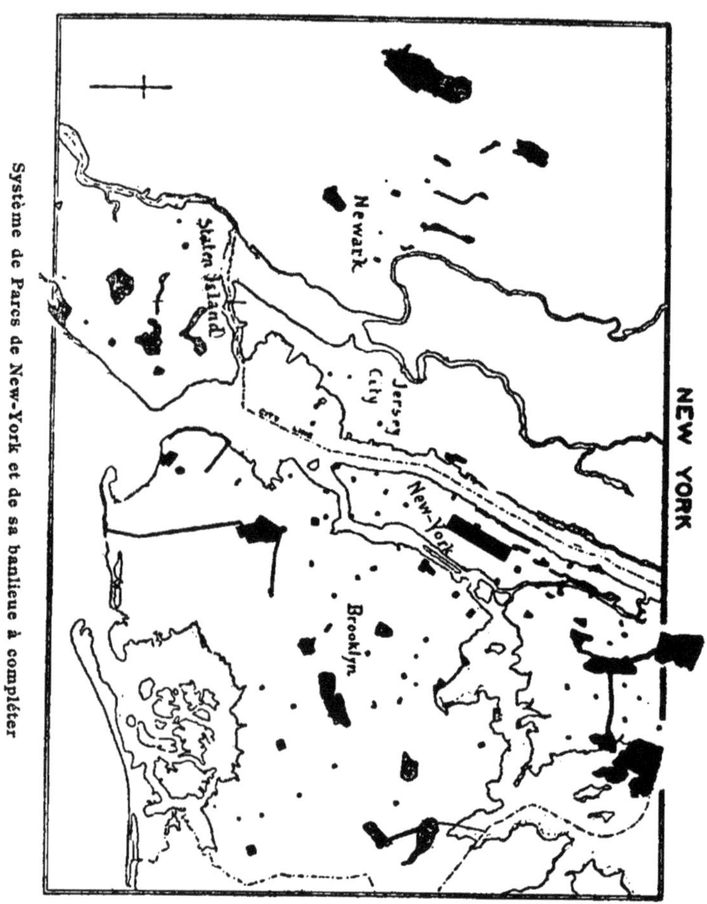

Système de Parcs de New-York et de sa banlieue à compléter

est un des arguments les plus convaincants en faveur des systèmes de parcs. Il montre combien il est nécessaire pour n'importe quelle ville en

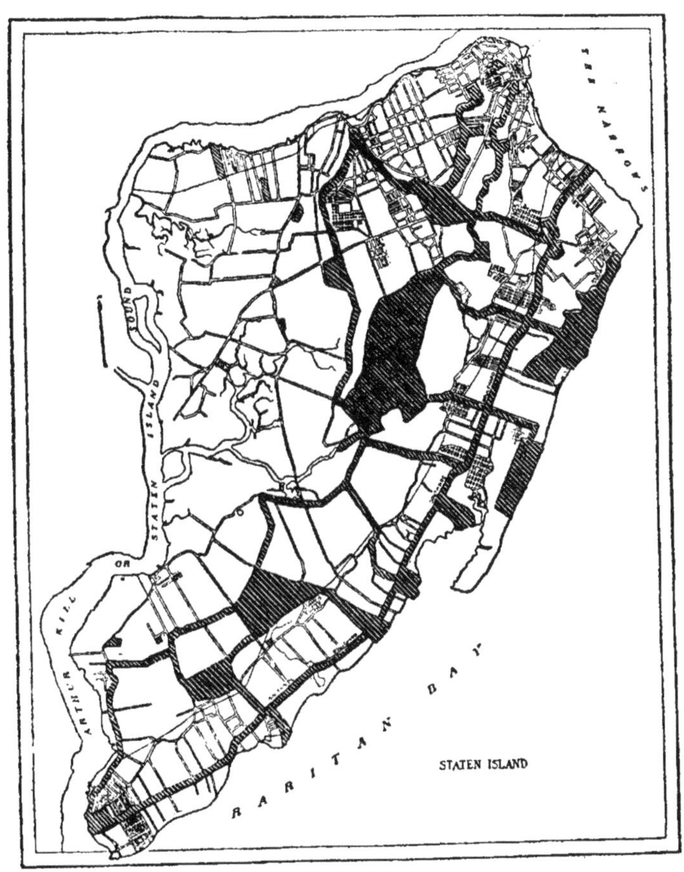

Un détail des environs de New-York
Projet d'un système de parcs à Staten Island, en voie de réalisation
Hachures : Parcs et Parkways projetés

voie d'accroissement de prévoir, alors qu'il en est temps encore, un programme complet de dégagement, d'espaces libres, de jardins, de grands parcs et de réserves.

La population de New-York évaluée par le *Board of Health*, en 1904, est de 3.838.000 habitants. La surface de la ville est de 85.000 hectares et la surface des parcs sera de 2.800 hectares.

L'exemple de la banlieue de New-York mérite d'être cité. A Essex-County, qui est surtout habité par des personnes occupées à New-York, il n'existait, en 1894, que 15 hectares de réserves et pas d'avenues-promenades. Les habitants prévoient le développement de leur commune de banlieue ; on nomme une commission pour étudier un projet et l'exécuter. Au moyen d'emprunts s'élevant à 25.000.000 de francs, elle achète 1.400 hectares et 5 kilomètres d'avenues-promenades qui ne sont, d'ailleurs, indiqués comme n'étant que le commencement d'un système plus complet.

Il en est de même dans tous les environs de New-York, a Manhattan Island ou dans le Bronx, à Staten Island, à Essex ou Hudson County, dont tous les systèmes de parcs sont progressivement liés et réunis.

New-York sera ainsi environné d'un réseau admirable d'espaces libres et de promenades après avoir craint un moment d'être étouffé dans son formidable développement.

Mais au prix de quels efforts !

CHICAGO

L'accroissement merveilleux de Chicago, qui de 1840 à 1904, voyait sa population croître de 5.000 à 2.000.000 d'habitants, a très rapidement mis en évidence l'insuffisance d'espaces libres et de parcs pour lesquels aucun programme n'était prévu et qui avaient été aménagés au fur et à mesure, suivant les inspirations du moment, sans aucune idée directrice, sans étude d'ensemble.

Ces dernières années, devant les efforts des autres villes, Chicago s'aperçut de la situation défavorable où elle allait se trouver, et constatait qu'elle était une des dernières villes des Etats-Unis au point de vue de l'étendue moyenne de ses parcs calculée par 1.000 habitants. Dans le rapport annuel de la Commission spéciale, de janvier 1901, la préoccu-

CHICAGO

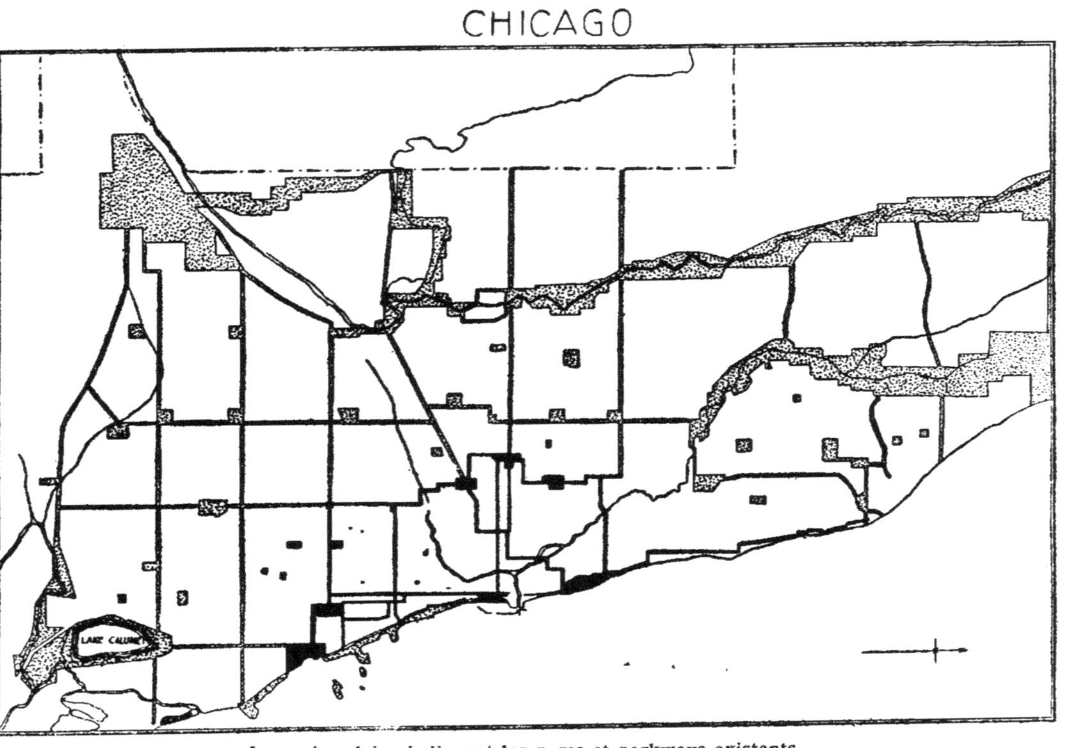

Les noirs pleins indiquent les parcs et parkways existants
Les parties grises sont les réserves, parcs et parkways en projet ou en voie d'acquisition

pation commençait à se manifester plus vive ; cette commission demandait la réalisation d'un système de parcs plus complet et mieux étudié. Le rapport constatait qu'en 1900, il n'y avait qu'un acre (4.046 mètres carrés) de parcs pour 846 habitants, mais cela n'était qu'une moyenne qui était moins intéressante que la constatation suivante : quelques quartiers seulement contenaient la plus grande masse de parcs et boulevards, alors que ceux où la population était le plus dense se trouvaient sans espaces libres et sans parcs. Onze arrondissements contenaient 1.814 acres de surface de parcs, où la population était d'environ 425.000 habitants, soit 234 habitants par acre de parc. Les 33 autres arrondissements, avec une population supérieure à 1.000.000 d'habitants, avaient en tout 228 acres d'espaces libres.

A partir de 1902, en 1903 et 1904, la Commission des Parcs de Chicago commençait la réalisation de son système de parcs. On décidait, en 1903, la nomination d'une commission pour la création d'une ceinture extérieure de parcs et d'avenues et, en 1904, la Commission déclarait qu'il était indispensable d'établir de nombreux terrains de récréation dans les différents quartiers et de se mettre aussitôt à l'œuvre *sans avoir égard en aucune façon au chiffre de la dépense.*

Il faut signaler, comme détail intéressant, que l'étude des parcs et play-grounds de Chicago a été commencée en 1899 par une petite organisation de citoyens, connue sous le nom de Municipal Science Club.

En 1903, la municipalité consacre 32.000.000 de francs à la création de nouveaux parcs de 2 à 100 hectares de surface, de préférence dans les quartiers populeux.

Dans la partie où la population était le plus dense, les terrains de jeux, de 5 en 1900, se sont élevés à 9 en 1904, pour lesquels il a été dépensé de 50 à 100.000 francs chaque année. Mais le système complet constituera un effort d'une importance infiniment plus grande et permettra à Chicago d'atteindre à peu près les mêmes conditions que Boston.

Maintenant Chicago possède déjà 84 parcs, couvrant environ 130 hectares, et reliés par 80 kilomètres d'avenues-promenades. Dans l'étude du complément, surtout à l'extérieur, de son programme d'ensemble, il est question de formidables prévisions dont le plan ci-contre ne donne qu'une faible idée. Dans le nord, près du lac Michigan, dans l'ouest, au midi, près du lac Calumet, les réserves en terrains, choisis pour la beauté naturelle du paysage, s'étendent sur des 3 et 4.000 hectares ; les 80 ou 90 nouveaux

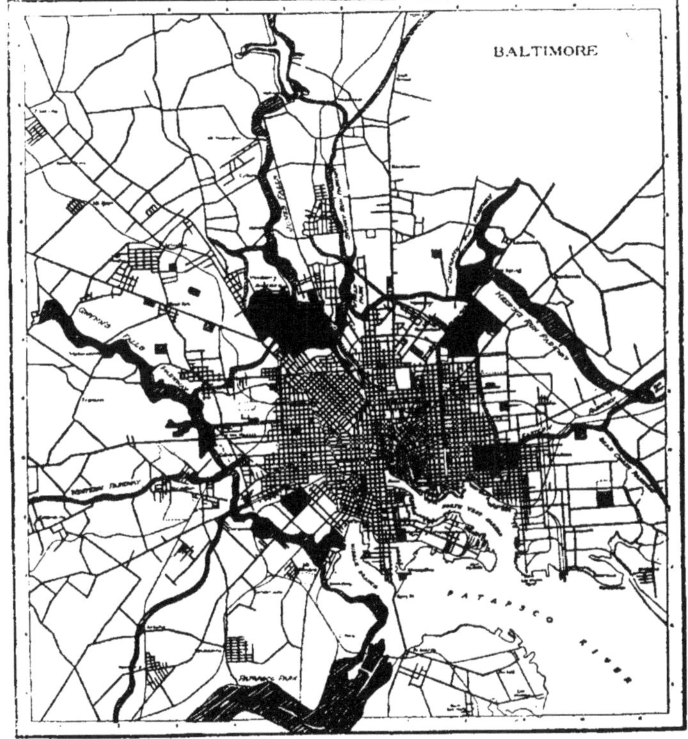

Noirs pleins : Parcs existants
Hachures : Parcs et Parkwaps en projet

parcs couvriront environ 15.000 hectares et la dépense d'achat s'élèvera à bien près de 150.000.000 de francs. Chicago estime ce projet suffisant pour une population de 2.000.000 d'habitants à laquelle elle arrivera bientôt. Mais elle prévoit la nécessité de l'élargir prochainement pour les 8.000.000 d'habitants qui peupleront, pense-t-elle, avant 50 ans, la ville et ses environs.

La contagion de l'exemple a gagné la plupart des villes américaines, Philadelphie, Kansas-City, Portland, San-Francisco, Saint-Louis, Baltimore, qui fut une des premières villes à s'inspirer de l'enseignement de Boston, et parmi les villes de moindre importance, Harrisburg.

BALTIMORE

La ville de Baltimore a étudié un des programmes les plus intéressants. Sa population est d'environ 500.000 habitants.

Le projet consiste surtout à préserver les bords des cours d'eau et à constituer des parcs suivant les vallées qui sont, paraît-il, les points les plus pittoresques des environs de la ville.

HARRISBURG

Cette ville présente un exemple assez curieux. On s'y est attaché à l'amélioration des parcs et espaces libres depuis quelques années seulement, mais cette question a été jugée si importante par la population, qu'elle décida de l'élection du maire. Malgré que les républicains fussent normalement en majorité, un démocrate, M. Vance Mc Cormick, fut élu parce qu'il avait pris comme thème de sa campagne électorale la nécessité, pour Harrisburg, d'étudier un système de parcs.

En Europe, l'exemple a été imité ou tout au moins a suscité des mouvements et des améliorations. Barcelone a mis au concours un projet d'embellissement et d'extension de la ville, Cologne, depuis quelques années, s'occupent de constituer une nouvelle ceinture extérieure d'espaces libres. Vienne, Londres, s'occupent activement de se créer des réserves et d'améliorer leur système actuel.

VIENNE

Après la « Ringstrasse », ses places et ses jardins, vient, à 2 ou 3 kilomètres plus loin, une seconde ceinture, la « Gürtelstrasse », ample ave-

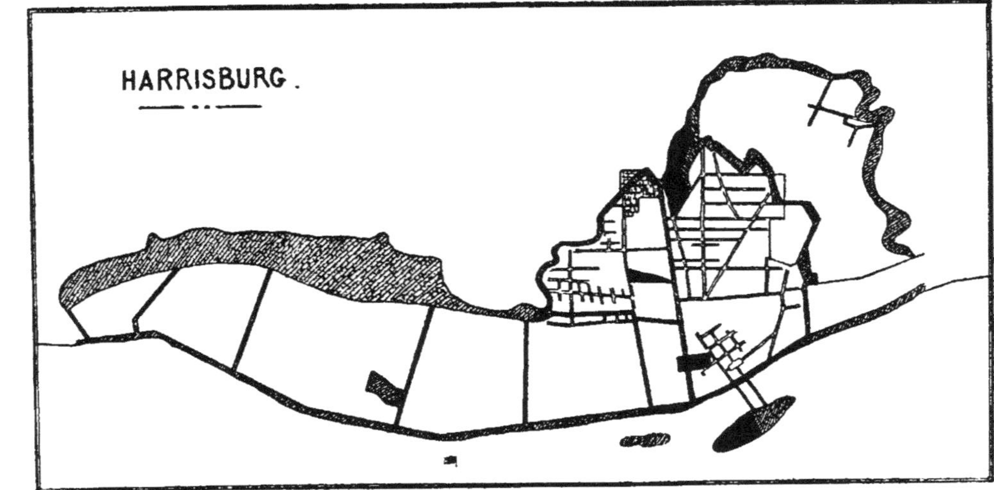

Les noirs pleins indiquent les parcs existants
Les grisés figurent le complément en voie de réalisation

nue de 76 mètres de largeur dont le circuit, long de 14 kilomètres, relie à ses autres jardins et à ses nouvelles places publiques le Prater et l'Angarten.

La « Ringstrasse » se développe sur le terrain des anciennes fortifications ; la « Gürtelstrasse », plus tard, occupa l'emplacement du fossé des faubourgs qui datait de l'époque du Prince Eugène.

La municipalité a compris qu'il était temps de se préoccuper maintenant du rapide développement de la ville et de créer une nouvelle ceinture, mais plus vaste, plus complète, et de faire une œuvre, sinon définitive, au moins de prévoyance à long terme.

« Les agglomérations excentriques d'origine rurale, dit le rapport, tendent de plus en plus à perdre leur caractère pour se rattacher à la ville, et il est à prévoir, d'après l'augmentation constatée à ce jour, qu'au milieu du siècle, Vienne (1) atteindra le chiffre de 4.000.000 d'habitants et que le caractère rural des agglomérations de banlieue aura complètement disparu. »

Aussi le 24 mai 1905, le Conseil municipal, à l'unanimité, adoptait le nouveau programme de parcs et votait un emprunt special de 50.000.000 de francs pour son exécution.

En voici, rapidement exposés, les traits principaux :

Pour suivre les dispositions topographiques et les différentes conditions de la périphérie de Vienne, le projet a été partagé en diverses parties. Du nord à l'ouest, la partie montagneuse et boisée s'avance jusque dans la ville. Elle a pu constituer une admirable réserve de 1.720 hectares dont 1.200 en bois.

Dans cette partie se trouve un des points essentiels et intéressants du projet, la « route haute », qui courra à flanc de coteau sur la lisière de la forêt, servant à relier les parcs qu'elle traverse. En outre elle conduira, par une chaussée large de 8 mètres et bordée de jardins, aux points de vue nombreux de cette Corniche Viennoise. Il était tout naturel qu'on s'inspirât des exemples si connus de la Viale dei Colli, de Florence (qui date de 1861), et de la Passeggiata Margherita, de Rome (construite en 1884).

La deuxième partie, au sud-ouest de la ville, avait déjà la grande

(1) Aujourd'hui 1.800.000 habitants.

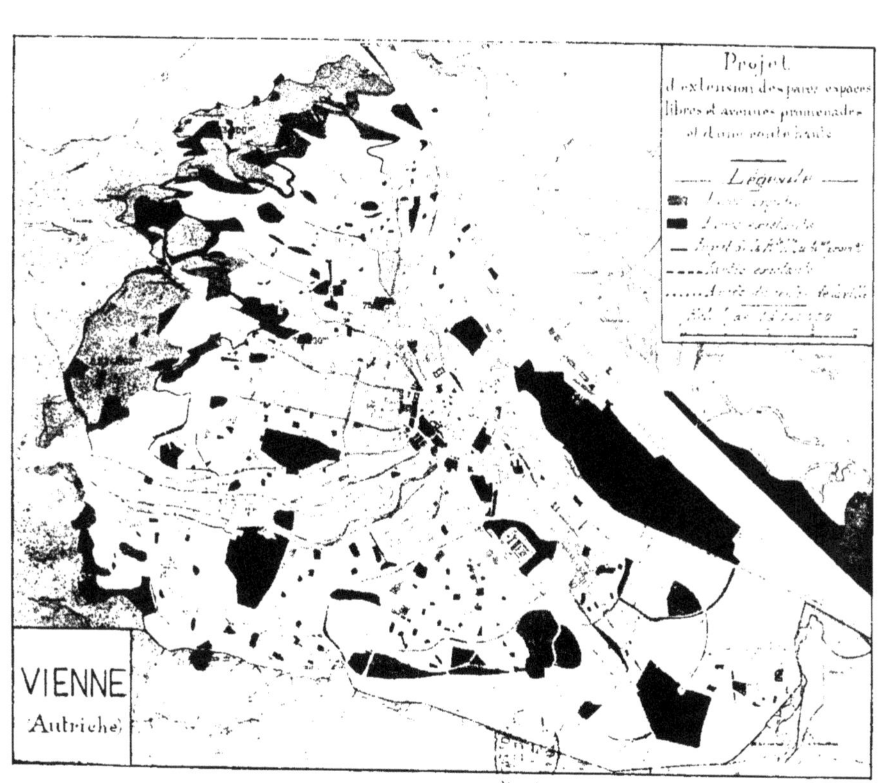
Projet
d'extension des parcs espaces
libres et avenues promenades
et d'une route haute
Légende
VIENNE
(Autriche)

forêt du Thiergarten et le parc de Schönbrunn. Pourtant celui-ci est résidence impériale privée et celui-là d'accès difficile. Ils seront complétés par un grand nombre d'espaces publics et de terrains de jeux et de repos d'une surface totale d'environ 120 hectares.

La troisième partie, située au sud, est très intéressante. Elle a été conçue avec le but de draîner, pour ainsi dire, des quartiers pauvres et populeux. De nombreuses avenues-promenades sillonnent le quartier, reliant de vastes et nombreux jardins entre eux et déroulant leurs rubans de pelouses et de plantations, sans interruption, jusqu'au Prater. Cette troisième partie comprend plus de 300 hectares.

Enfin, une quatrième partie comprendra plus tard des terrains situés sur la rive gauche dont l'aménagement n'est pas encore nécessaire. Mais, dès maintenant, il est décidé que la vaste oseraie de Lobau (1.904 hectares) sera reliée au Prater dont elle forme le pendant de l'autre côté du fleuve. Ainsi utilise-t-on, de ce côté, les rives du Danube comme on profite de l'autre de la partie montagneuse.

Mais, indépendamment de ces travaux et de ces grands parcs, les petits espaces n'ont pas été oubliés dans le programme général. Ils sont disséminés dans tous les quartiers et formeront ensemble une surface totale de 160 hectares.

Dans les nouveaux terrains ainsi réservés ou annexés, l'effort tend surtout à rendre accessible et utilisable la plus grande surface possible en pelouses et en bois, à créer des grands terrains de jeux, des prairies, des parcs boisés, sans ornements inutiles.

En somme Vienne aura une surface totale de parcs de 4.500 hectares environ pour une population qui n'est pas encore de 2.000.000 d'habitants, ce qui donnera une moyenne de 1 hectare pour 400 habitants et placera Vienne avant la plupart des grandes villes américaines, même pourvues de leurs récents systèmes de parcs.

COLOGNE

Cologne a dû résoudre aussi sa question des fortifications, débordées par la ville envahissante. Elle en a fait comme Vienne et comme Francfort-sur-le-Mein, des avenues-promenades circulaires, le « Ring », et le plan indique nettement la tendance à créer, à partir de cet anneau, non plus de simples rues mais des avenues-promenades, des Parkways rayonnantes conduisant à l'extérieur et aux réserves extrêmes. (V. p. 22.)

LONDRES

Londres et Paris, qui ont déjà des étendues de parcs relativement considérables, ne sont pourtant pas placées dans les mêmes conditions.

A Londres, la surface des parcs, tout en étant beaucoup plus considérable qu'à Paris, est infiniment mieux répartie. De plus, Londres a déjà, depuis quelques années, dirigé ses efforts vers la création de terrains de jeux dans les quartiers les plus populeux, particulièrement de terrains de récréation pour les enfants et dans l'utilisation de femmes, au lieu d'hommes, pour surveiller les enfants de toutes façons et les guider dans l'emploi des différents appareils de jeux ou de gymnastique. (V. p. 20.)

Récemment encore, il n'y avait qu'un seul emplacement de ce genre à Finsbury-Park, aujourd'hui il y en a 37.

Les dépenses pour les travaux et acquisitions, prévues pour 1906, sont d'environ 1.500.000 francs (exactement 58.000 £).

Les dépenses d'entretien, votées pour 1906, pour les jardins, parcs et espaces publics (gardens, parks and open spaces) dépendant du London County Council sont de : £ 133.725. . . . . Fr. 3.350.000
pour une surface de 3.882 acres.

Les royal parks, les espaces libres dépendant du Gouvernement, Hyde Park, Saint-James Green, Regent Park, Kew, Greenwich : £ 112.118 . . . . Fr. 2.800.000
pour une surface de 2.000 acres, sans compter Hampton Court, Bushy Park, Richmond, Windsor et ceux trop éloignés et non aisément accessibles.

Wimbledon et Putney (surface de 200 acres) sont régis par un arrangement spécial. L'entretien en est payé par les propriétaires voisins dans une certaine zone, environ . . . . Fr. 110.000

La Corporation City, de Londres, a acquis et entretient aussi 6.544 acres de parcs et espaces libres . . . Fr. 200.000

Ce qui fait un total de . . . . Fr. 6.460.000

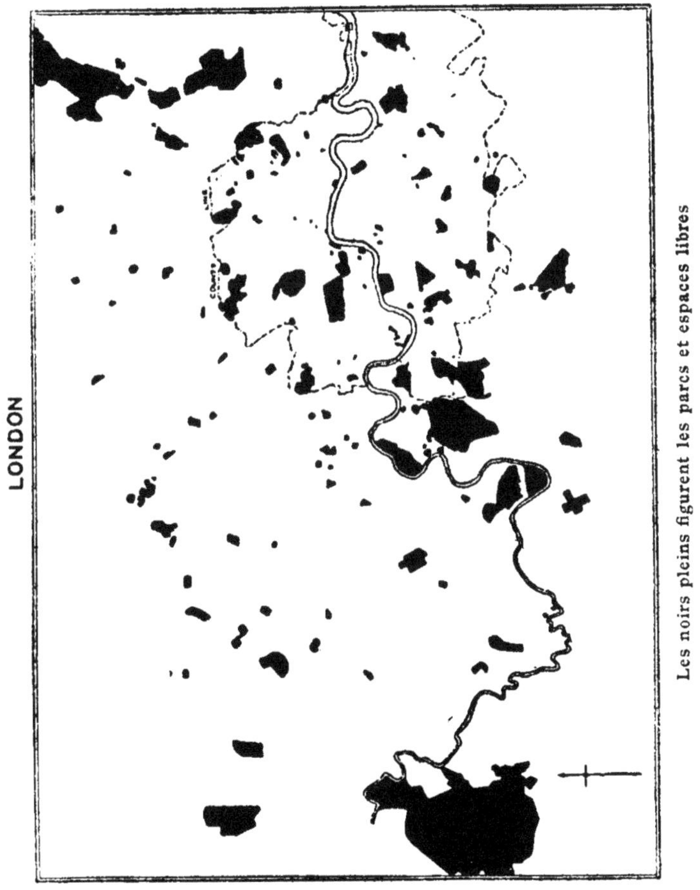

Les noirs pleins figurent les parcs et espaces libres

pour une surface totale de **6.000** hectares, sans compter les petites surfaces entretenues par les Metropolitan Borough Councils.

Si l'on compare la répartition des parcs de Londres et ceux de Paris, on s'aperçoit, comme nous l'avons dit tout à l'heure, qu'elle est infiniment meilleure à Londres qu'à Paris.

A Paris, la plus grande quantité des jardins et des parcs est accumulée du côté de l'ouest, c'est-à-dire, donne l'impression que l'on a de certaines villes qui se sont développées sans programme, telles que Chicago ou Philadelphie. Les réserves qui sont heureusement encore assez considérables, ne sont pas non plus le résultat de sages prévisions, mais d'un heureux hasard. Ce sont d'anciens domaines seigneuriaux, d'anciennes forêts ou terrains de chasse, sévèrement gardés, que l'on utilise aujourd'hui, mais sans se soucier, ni de garantir, ni d'aménager, ni de relier, ni d'augmenter ces réserves.

La situation de Londres a d'abord été analogue. Comme les grands parcs de Paris, Windsor Park, par exemple, n'a pas été précisément destiné à la population de la Ville, ni réservé pour elle. Néanmoins ce grand morceau de campagne ainsi conservé et gardé, ouvert même pour des excursions seulement accidentelles, car il est très éloigné, a été considéré comme ayant une si grande valeur pour Londres que la Corporation a voulu acquérir la région connue sous le nom de Burnham Beeches, au nord de Windsor Park, à plus de 30 kilomètres de la ville, et elle semble y attacher autant d'importance qu'à tous ces vastes terrains qu'on appelle Commons et qui sont régulièrement répartis comme une ceinture d'immenses espaces libres autour de la ville.

Mais l'effort du Conseil du Comté a été presque toujours accompagné de dons généreux de riches particuliers et de grandes sociétés. A chaque pas, dans les plus pauvres quartiers, une inscription rappelle le nom d'un donateur.

Le terrain de Myath's field fut donné, par un riche propriétaire foncier, à la « Metropolitan Public Gardens Association » qui en fit l'aménagement. Elle y dépensa 250.000 francs, et, les travaux achevés, donna le parc au Conseil.

Royal Victoria-Gardens et North Woolwich Gardens (4 hectares) furent acquis par un Comité constitué spécialement pour cet objet et présidé par le duc de Westminster. Sur une dépense de 440.000 francs le Comité demanda au Conseil 25.000 francs et les travaux d'aménagement.

Maryon-Park est donné par sir Spencer Maryon Wilson.

Pour Blackheath (110 hectares), Manor House Gardens (4 hectares) les propriétaires abandonnent tout ou partie de leurs droits. Le petit mais si utile terrain de récréation de Walworth, dans un des quartiers ouvriers les plus populeux, est acheté 135.000 francs, dont les 3/5 sont couverts par des souscriptions et la « Metropolitan Public Gardens Association » prend à sa charge les frais d'exécution des travaux.

Ces exemples sont pris au hasard ; partout ou presque partout nous retrouverions, dans ces efforts pour le développement des espaces libres et des terrains de récréation, des participations locales ou individuelles, des dons, parfois magnifiques, de généreux et bienfaisants citoyens. A Paris, nous préférons constituer des comités et verser nos souscriptions pour édifier des statues.

COMPARAISON STATISTIQUE DES SURFACES DE PARCS ET DE LA POPULATION

UNE saine rivalité s'est établie entre les villes américaines dans cette belle lutte de prévoyance, et fréquemment dans leurs rapports annuels, les Commissaires des Parcs établissent des comparaisons.

Nous avons repris des chiffres de 1903 que nous avons ramenés aux mesures métriques et nous les avons complétés en y ajoutant Vienne, Londres et Paris.

Villes	Habitants par hectare de Parc
Meriden, Conn.	51,4
Los Angelès, Cal.	64,8
Boston	94,7
Saint-Paul	202,7
Washington	206,4
San-Francisco	214
Vienne	400
Saint-Louis	575
Détroit	663,4
Philadelphie	799,7
Baltimore	872,1
New-York	943,6
Londres	1.031,5
New-Orléans	1.042,6
Chicago	1.210,3
Paris	1.354,7

Cet état est calculé d'après les chiffres d'un recensement de 1903; toutes les nombreuses améliorations achevées aujourd'hui à grands frais, à Chicago, New-York, etc., modifieraient certainement d'une façon favorable les constatations de cet état.

Si Paris est aussi mal partagé, c'est que dans le calcul de ces chiffres nous n'avons pas pu faire entrer les parcs de Meudon, de Saint-Cloud, de Versailles, les bois de Verrières, etc., et toutes les grandes forêts des environs de Paris, qui ne font pas encore partie d'un programme définitif des réserves pour la Ville. L'exemple du Champ-de-Mars qui n'a pas pu être conservé en entier, l'exemple des fortifications, dont l'aliénation semble décidée, montrent que l'Etat préfère tirer parti de la vente de ses terrains plutôt que de les conserver comme espaces libres à la Ville. Il serait donc dangereux d'en faire état si Paris, qui en doit la conservation intégrale jusqu'à ce jour, aux rigueurs bienfaisantes de l'ancien code forestier, n'en assure pas pour sa population intérieure, riveraine et à venir, la définitive préservation.

Mais d'autre part nous n'avons tenu compte que des 2.750.000 habitants du Paris administratif et non de la population effective, 3.500.000 habitants, de l'agglomération parisienne, dont l'augmentation annuelle doit être beaucoup plus forte que celle de 30 à 40.000 habitants constatée pour Paris proprement dit.

La surface des parcs et jardins est ainsi répartie :

	ha.	a.	c.
Bois de Boulogne	847	88	12
Bois de Vincennes	934	22	54
Différents jardins de l'intérieur de Paris y compris le Palais-Royal, les Tuileries, le Luxembourg, le futur Champ-de-Mars	247	79	01
	2.029	89	67

Ce tableau montre qu'il n'y a, dans l'intérieur même de Paris, que 247 hectares de jardins et parcs ouverts au public.

Nous serons dans peu d'années, de toutes les grandes villes du monde, la plus mal partagée en espaces libres.

PARIS

PARIS

ES considérants d'un vœu récent émis par le Conseil municipal de Paris, sur la proposition de M. Bellan, méritent d'être rappelés ici :

. . . .

« Considérant qu'au nom même de l'hygiène il importe « non seulement de le (le bois de Boulogne) sauvegarder, mais de déve- « lopper les espaces libres pour donner à notre grande cité dont les « habitants s'étiolent entre les murs, toujours plus d'air, de lumière et de « verdure,

« Considérant que la plupart des grandes villes d'Europe nous ont « depuis longtemps devancés dans cette voie par l'aménagement de « parcs, de pelouses, de jardins, de bassins, notamment Londres qui « compte plus de 300 squares, autant de poumons par où respire sa « population,

« Emet le vœu :

« Que les Pouvoirs publics, soucieux de l'hygiène et de la beauté de « Paris, n'amoindrissent sous aucun prétexte la surface actuelle du Bois « de Boulogne ».

Rien n'est plus juste que ces constatations, rien n'est plus légitime que le vœu lui-même. La haute autorité de M. Bellan, l'enceinte où ces paroles ont été prononcées solennellement, leur donne une grande importance.

Je crois bien qu'aujourd'hui tout le monde comprend plus ou moins clairement qu'il est nécessaire de respecter et d'étendre les espaces libres, mais il ne faut pas non plus ignorer ou laisser perdre cet enseignement donné par le développement rapide de certaines grandes villes.

Par la rapidité même de leur évolution souvent imprévue, des besoins se sont manifestés, auxquels il a fallu parer avec la même promptitude. Le mouvement que nous avons signalé, commencé il y a une quinzaine d'années, répondait si exactement à des nécessités immédiates, que sans

PARIS

Noirs pleins. — Parcs et bois appartenant à la Ville et à l'Etat

hésitation, les différentes grandes villes des États-Unis étudiaient leurs systèmes de parcs, en créaient de toutes pièces la théorie, et malgré les plus lourds sacrifices d'argent, se mettaient à en entreprendre l'exécution.

En Europe, des grandes villes, comme nous l'avons montré ont compris la sagesse de ces prévisions et l'importance de ces projets méthodiques, de ces programmes bien étudiés et complets. Paris ne semble se soucier encore que de son desserrement intérieur et même incomplètement, par à-coups, par occasions, sans programme, sans idée directrice, sans système. Il semble vouloir ignorer l'importance de sa banlieue qui s'accroît, s'épaissit rapidement et l'enserre d'une étreinte toujours plus puissante.

Il semble se désintéresser de ses environs auxquels bientôt il n'aura plus que d'incommodes accès.

Il est vrai que nous avons été gâtés par les legs des siècles précédents que le code forestier nous a apportés indemnes. Comme grandes réserves, Paris a sous la main les plus belles étendues boisées que l'on puisse rêver, mais elles appartiennent encore à l'Etat qui peut en disposer à son gré ; et, comme je viens de le dire, il est possible d'envisager qu'une discussion semblable à celle des fortifications, vienne un jour mettre en péril l'intégrité des espaces encore conservés aux alentours de Paris. Ces réserves d'ailleurs ne sauraient être suffisantes.

Certaines sont d'un accès très difficile, et les voies qui y conduisent ne sont ni commodes ni intéressantes. En tous cas, les éléments qui permettraient de constituer un système ou un programme d'avenues et de parcs, de bords de rivières et de paysages protégés, dans ou autour de Paris, sont, il est vrai, nombreux, mais n'ont pas été encore proposés, utilisés, coordonnés, ni surtout complétés.

La forêt de Saint-Germain, la forêt de Montmorency, la forêt de Bondy, les forêts d'Armainvilliers, de Sénart, les bois de Verrières, de Meudon, constituent une belle ceinture verte, mais elle est inégale et insuffisante, le nord, le nord-est, le sud sont mal partagés, alors que notre patrimoine de forêts du côté de l'ouest, Versailles, la vallée de Chevreuse, peuvent constituer d'admirables éléments d'un programme.

Entre cette zone éloignée et les fortifications, dans la partie où se développent plus activement aujourd'hui les constructions, rien n'est fait, rien n'est préparé. Paris n'a pour ainsi dire pas de sorties. Si l'on sacrifie le terrain des fortifications, la perte sera déjà bien sensible ; il restera, plus loin, la ceinture des forts, qui, avec leurs zones de servitude militaire, constituent une suite de terrains encore libres. Mais ce ne sera pas suffisant et peut-être ne faudrait-il pas faire fond seulement sur les réserves de bois de l'Etat, sans penser dès maintenant au desserrement et à l'aménagement des grands espaces qui deviendront certainement nécessaires un jour ou l'autre, dans les quartiers neufs de la périphérie.

Nous croyons trop être arrivés à la Cité parfaite. Paris a été si souvent donné comme exemple, par des étrangers qui n'en avaient vu que les beaux quartiers, que nous finissons par nous endormir et que nous ne nous apercevons pas que l'afflux continue, que les constructions augmentent sans cesse. La masse habitée élargit peu à peu ses bords, elle gagne et couvre toutes les taches jusqu'ici restées vertes. Les beaux jardins de la rive gauche disparaîtront, alors que nous n'aurons plus rien pour les remplacer, car, simultanément, la banlieue se couvre de constructions, sans que rien n'ait été prévu pour suivre cet accroissement qui paraît prendre la même extraordinaire activité dans toutes les grandes villes modernes.

Il ne s'agit pas en effet de l'évolution des villes australiennes et américaines. Il suffit de comparer nos grandes villes d'Europe d'aujourd hui et d'il y a cinquante ans, Londres, Vienne, Budapest, Berlin, Cologne, Barcelone, Paris.

Certains américains disent de Paris qu'elle est une « finished City », une ville finie. Cela peut s'entendre de deux façons, et je crois bien qu'ils l'entendent ainsi : une ville terminée et parfaite, objet d'art où la main de l'ouvrier ne peut plus rien ciseler ni ajouter, ou bien, ville finie qui après avoir atteint son apogée ne peut plus que décliner. Somme toute, les deux manières de comprendre reviennent au même. La Ville qui s'arrête est une ville qui commence à mourir ; pour vivre, il faut se développer. Or Paris vit encore, et avec plus de vigueur que jamais. L'énorme Ville évolue et s'accroît toujours. Par la Ville, j'entends cette agglomération faite de Paris et de sa banlieue, en ne tenant pas compte de la limite artificielle des remparts, et pour s'en convaincre il suffit de comparer la

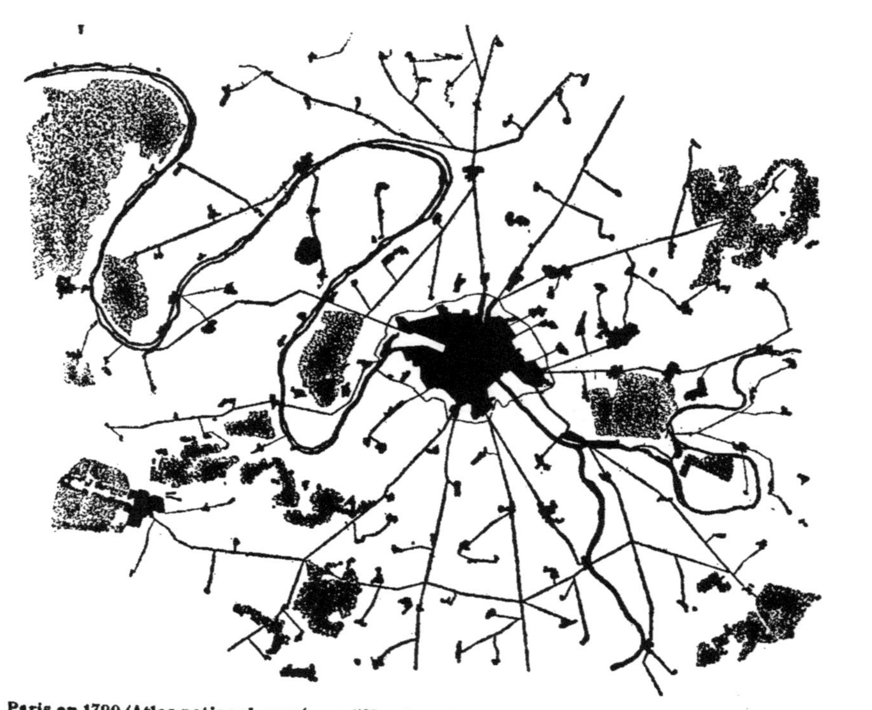

Paris en 1790 (Atlas national gravé par d'Houdan). Les noirs figurent les agglomérations habitées.

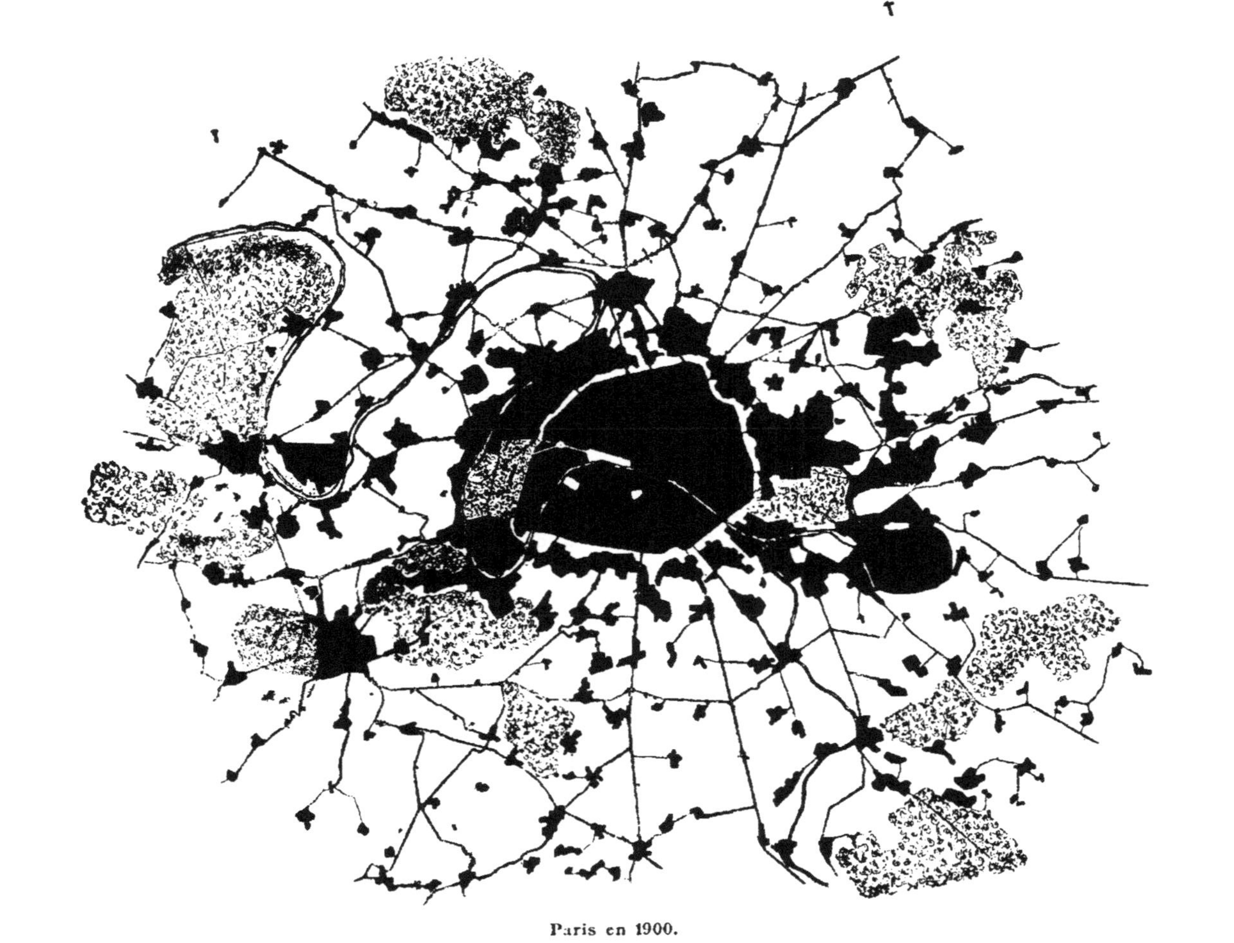

Paris en 1900.

Ville d'il y a cent ans avec la Ville d'aujourd'hui. Cette comparaison montre, avec évidence, l'énorme extension de Paris dans le dernier siècle. Une comparaison du Paris de 1860 et du Paris d'aujourd'hui serait, pour les 50 dernières années, tout aussi frappante (1).

Malheureusement il semble à bien des personnes que les parcs, les promenades publiques sont un luxe pour lequel une sage administration doit restreindre ses dépenses.

Nul n'hésite à approuver les travaux les plus coûteux destinés à nous donner de l'eau pure, mais l'air et le soleil ne sont-ils pas au moins aussi nécessaires à la vie ?

Boston n'a pas craint de faire, pour ses parcs, un premier emprunt de 25.000.000 de francs ; depuis, les dépenses se sont élevées à 50.000.000 de francs en 5 ans.

A Londres, depuis 15 ans, dit M. Hénard, dans son étude sur les transformations de Paris : « ils (les anglais) ont consacré une quarantaine de « millions à augmenter la surface de leurs « open spaces », sans compter « les sommes dépensées pour l'entretien (nous avons vu qu'elles s'élè- « vent à 6.000.000 de francs par an), sans compter les dons magnifiques « des particuliers. »

Nous voyons Vienne adopter un programme complet qui coûtera 50.000.000 de francs. Barcelone entreprendra la même étude.

Les discussions qu'ont soulevé les deux grosses questions des fortifications et du Champ-de-Mars, à Paris, ont montré combien nous manquons de programme ; à chaque instant nous sommes amenés ainsi, par de grosses et de petites parties du problème, à discuter de nouveau. Les hommes, les intérêts changent les idées, les influences se multiplient, et les décisions interviennent, au hasard du moment, sans qu'apparaisse la raison directrice, la conception d'ensemble.

Il ne faut pas, à chaque cas particulier, se livrer à des études et à des discussions nouvelles, poursuivre des projets et résoudre par morceaux sans liaisons entre eux, le grand problème qui se pose aujourd'hui dans les villes du monde entier.

(1) Paris comptait 650.000 habitants au début du siècle ; 1.000.000 en 1850 ; 2.750.000 aujourd'hui, dans les murs, mais en réalité 3.500.000 dans l'ensemble de la vieille ville et de la banlieue.

CONCLUSIONS

ES parcs et espaces libres sont indispensables pour la vie et l'accroissement d'une grande ville.

Tous les citoyens de la Ville et de ses environs sont intéressés au développement, à la bonne distribution et à la conservation des grandes réserves, des parcs et des jardins.

Les parcs et les projets de parcs nouveaux doivent *faire l'objet d'un programme d'ensemble* pour lequel peuvent s'entendre, et coopérer, plusieurs villes, communes, départements ou provinces.

Ce programme doit être clair, complet. Il comportera une efficace distribution et une uniforme répartition des espaces libres.

Chaque promenade aura son caractère propre, et chaque jardin présentera un but intéressant ou une utilité spéciale.

Le programme doit prévoir les sorties de la Ville, l'accès de chaque jardin, et la liaison des jardins et des parcs par des avenues, autant que possible des avenues-promenades, ou si ce n'est pas possible, par de larges avenues plantées d'arbres.

L'accès des promenades éloignées sera facilité par des moyens de transport commodes, rapides, économiques, de préférence avec nos moyens actuels, par des transports électriques.

Les réserves, grands parcs et jardins, seront prévus aux points des alentours de la Ville où se trouvent le plus de beautés naturelles ou pittoresques dignes d'être conservées.

Le programme laissera, en dehors de ces grandes lignes, des possibilités de modifications éventuelles auxquelles des circonstances imprévues peuvent amener. Il doit pouvoir être réalisé à la fois de façon continue et par des resssources extraordinaires.

Les terrains nécessaires aux parcs et à leur liaison seront acquis à l'avance, ou tout au moins déterminés à l'avance, et frappés des servitudes de protection qui seront nécessaires.

Les acquisitions peuvent être faites à l'aide d'emprunts à long terme, car s'il n'est pas sage, de la part d'une Ville ou d'un Etat, de grever les générations futures de charges obligatoires pour des travaux ou des opérations plus ou moins éphémères et dont elles n'auront pas le bénéfice, comme les constructions d'édifices, d'usines, le pavage des rues, les achats de matériel, de machines, etc., il n'en est pas de même des acquisitions de terrains qui constituent au contraire, pour l'avenir, un acte de haute prévoyance.

Les municipalités peuvent être aidées par les dons d'habitants généreux et philanthropes et par des Associations privées, des Comités locaux ayant pour mission de provoquer et de recueillir des souscriptions particulières qu'il faut encourager.

Les projets doivent prévoir des reventes de terrains en bordure des réserves, afin d'assurer à ses parcs des ceintures s'harmonisant avec eux et de pouvoir, par la plus-value de ces terrains, couvrir tous les autres frais de l'opération.

Les municipalités ou les groupements de municipalités, départements ou autres administrations publiques intéressées au programme général des parcs et espaces libres d'une région, doivent affecter, à l'avance, des ressources annuelles régulières à la réalisation du programme.

Décembre 1905.

TABLE DES MATIÈRES

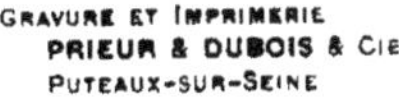

GRAVURE ET IMPRIMERIE
PRIEUR & DUBOIS & CIE
PUTEAUX-SUR-SEINE

www.ingramcontent.com/pod-product-compliance
Ingram Content Group UK Ltd.
Pitfield, Milton Keynes, MK11 3LW, UK
UKHW020435180726
13839UKWH00004B/1501